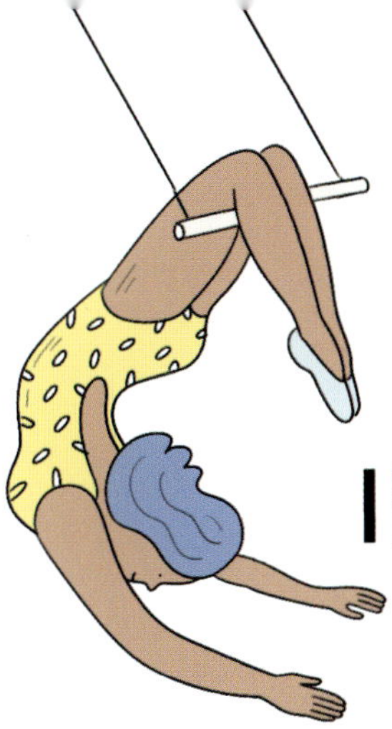

INKIE - LAETITIA LANTIERI

Le CHERCHE et TROUVE de la VINGTAINE

404 EDITIONS

ENtrée
food court
Drink
Beer

Au Pape et à Aicha sans qui nous ne serions rien...

Un département d'Édi8,
92, avenue de France, 75013 Paris.

Maquette : Axel Mahé

ISBN : 979-1-0324-0633-5
Dépôt légal : septembre 2022
Achevé d'imprimer en août 2022.
Imprimé en France par Pollina - 43127.

L'AMBIANCE BAT SON PLEIN AU FESTIVAL *WE LOVE BLUE*.

De la scène à la fosse en passant par les stands, il y a des fêtards et des fêtardes dans tous les sens...

- ☐ Il y a le fan *(pas de ce groupe, du groupe d'après qui passe dans 5h !)* qui guette l'arrivée de son idole avec du matos de pro
- ☐ Le guitariste qui a bu la bière de trop avant de monter sur scène
- ☐ La fille qui se prend pour une majorette avec son selfie stick
- ☐ Le mec qui ne peut pas s'empêcher de montrer son cul
- ☐ Le couple qui préfère le *photobooth* au concert *(#selfieforever)*
- ☐ Le type qui a amené son maillot pour se détendre au stand bière...

Et aussi : le briquet décapsuleur, la jupe qui va finir aux objets trouvés, les sosies de John et de Michael, l'apprentie FEMEN...

AH, ENFIN LE WEEK-END !

Rien de mieux que de se retrouver au parc avec des potes pour évacuer le stress de la semaine. Le mot d'ordre est le même pour tout le monde : on se met en mode détente… mais chacun le fait à sa manière !

- ☐ Il y a les potes qui *chillent* tranquille, une bière fraîche ou un hotdog à la main
- ☐ Le type définitivement plus doué sur FIFA que dans la vraie vie
- ☐ L'étudiante en fac de philo qui se détend en lisant Kant
- ☐ Le gars qui se la pète avec son gros cerf-volant de compet'
- ☐ La fille qui met en pratique son dernier séjour linguistique aux US avec un touriste
- ☐ Le couple qui explore les fourrés...

Et aussi : l'indispensable enceinte Bluetooth, le fût de Kro, le stalker un peu gênant, le tube d'aspirine anti-gueule de bois...

LE MUSÉE C'EST LE BONHEUR POUR LES UNS, L'HORREUR POUR LES AUTRES. Qu'on soit là de son plein gré ou qu'on se soit fait traîner, c'est un moment hors du temps où l'on croise toutes sortes de gens...

- ☐ Il y a le mec abonné à *Beaux-Arts Magazine* depuis 1 mois et qui sort sa science devant ses potes
- ☐ Les deux visiteurs qui préfèrent faire les beaux sur les réseaux plutôt que de regarder les tableaux
- ☐ La fille qui se prend pour une artiste et qui s'imprègne de l'ambiance du musée pour peindre
- ☐ Le visiteur pervers, un peu trop scotché devant *L'Origine du Monde*
- ☐ L'amateur d'art contemporain, qui s'est cru à la FIAC et qui promène une œuvre d'art en laisse...

Et aussi : la fille avec son bubble tea, la casquette du gardien, le fan de Munch, le peintre en bâtiment...

LA COLOC', C'EST TOUTE UNE AVENTURE ! Une aventure qu'on vit de près ou de loin, soit parce qu'on est en plein dedans... soit parce qu'on squatte souvent l'appart des potes en coloc' pour faire la fête ! Quoi qu'il en soit, on retrouve toujours les mêmes profils...

- ❑ Il y a le gars sérieux qui révise ses cours quand les autres révisent leurs chorés
- ❑ Le « couche-tôt » qui dort malgré la musique
- ❑ Le type qui respire comme il peut, victime d'une attaque de type nucléaire
- ❑ Les deux amoureux qui pensaient très naïvement pouvoir trouver un peu d'intimité
- ❑ Les cuisiniers, en plein débat géo-politico-écolo-existentialiste, qui en oublient leur mission
- ❑ La fille qui tente de respecter son programme des corvées…

Et aussi : les cadavres de pizzas, les rouleaux de PQ vides, le bizuté, l'enceinte de pro empruntée au cousin d'un pote d'un pote, la boîte de petits pois premier prix…

#CINDYJTEQUITTE
SUN

LET'S GO TO THE BEACH ! Aujourd'hui, tout le monde se presse sur la plage de Capo Cabano pour profiter de cette magnifique journée ensoleillée ! Absolument tout le monde…

- ☐ Il y a le surveillant de baignade qui ne mate pas que les baigneurs
- ☐ Les filles qui lézardent sur les bouées les plus instagrammables qu'elles aient pu trouver
- ☐ Le type que ses potes ont préféré enterrer dans le sable pour avoir la paix
- ☐ Le type qui se refait Roland Garros et s'est pris pour Nadal
- ☐ La meuf qui n'a pas posé son RTT
- ☐ Bref, tout le monde sauf le lâche légèrement drama qui n'a pas voulu venir et fait passer des messages avec originalité…

Et aussi : l'incontournable bouée licorne, le mec qui a perdu son maillot, le futur bronzage « zguègue », le chapeau style romantique so tendance…

TOUTE BANDE DE POTES A SES HABITUDES AU CAFÉ DU COIN. Ce lieu où on se donne toujours rendez-vous. Ce lieu où, même si on n'a pas rendez-vous, on sait qu'on va toujours croiser quelqu'un... À condition de bien chercher parmi la foule !

- ❑ Il y a le gars venu bosser en terrasse qui a la même bière depuis 3h
- ❑ Le passant qui n'était pas convié à cette réunion en visio, mais qui fait impression
- ❑ La pauvre serveuse dont le tout nouveau job d'étudiante est saboté par un client
- ❑ Les petits malins qui profitent d'une boisson gratuite en toute discrétion
- ❑ La fille qui finit de se préparer en attendant son *date*
- ❑ Les copines qui profitent de la terrasse « avec vue »...

Et aussi : le pilier de bar, la bouteille de bière IPA du petit producteur, le bébé qui demande « la petite sœur », la girafe de bière pas chère...

BIENVENUE DANS LE MONDE MERVEILLEUX DE L'ENTREPRISE,
autrement dit une véritable jungle où chacun survit comme il peut. Voyez par vous-même…

- ☐ Il y a l'employée modèle qui fait du vent (et surtout de la lèche) à son N+1 pour gagner des points
- ☐ Le *work addict* qui vit, mange, dort dans l'open-space et il n'est pas le seul !
- ☐ Le groupe qui fait du *teambuilding* à la cafèt' (pour la 5e fois de la journée)
- ☐ Le hipster qui boit son vanilla-chaï-latte-frappuccino-machiatto en écoutant les derniers sons de Coachella
- ☐ Le stagiaire dont c'est le dernier jour, qui célèbre son départ en photocopiant son meilleur profil
- ☐ La nouvelle stagiaire esclave qui voudrait se faire pousser des bras pour arriver au bout de sa première journée…

***Et aussi :** la pile assassine de dossiers en attente, le pipeau du* **bullshiter**, *le diagramme de Patrick de la compta, le coursier plus rapide que l'éclair,* **l'addict à Candy Crush…**

L'AUTRE GRAND RENDEZ-VOUS DE L'ÉTÉ, C'EST LA FÊTE FORAINE. On y va pour s'amuser ou pour frissonner, pour faire des rencontres aussi ! On croise des gens qu'on connaît, d'autres qu'on ne connaît pas et même parfois certains qu'on n'aurait jamais pu imaginer croiser...

- ❑ Comme ces trois visiteurs tout droit sortis de *The Walking Dead*
- ❑ L'étudiant qui n'en peut plus de son petit boulot de mascotte
- ❑ Le type qui arrive directement d'*after* et qui demande un traitement de faveur à la « barbamama »
- ❑ La fille qui se fait éjecter, pas par son mec, par le manège
- ❑ Les deux potes qui jouent à « Qui veut prendre des coups de marteau ? »
- ❑ Le couple sorti du circuit pour mieux se tamponner tranquille...

Et aussi : les ballons aux formes douteuses, la femme à barbe, le téléphone pour immortaliser la soirée, le fameux cornet de churros à 5 euros les 6...

LE CINÉMA EN PLEIN AIR, C'EST LA SORTIE COOL DE L'ÉTÉ.

On s'installe (un peu, beaucoup ou pas du tout) confortablement et c'est parti pour une séance sous les étoiles. Ce qu'il y a de drôle, c'est que le spectacle est autant sur la toile que dans la foule ! Jugez par vous-même...

- ☐ Il y a le type qui compte camper ici avec sa réserve de popcorn pour la semaine
- ☐ La fille, apprentie influenceuse, qui lance un *live* sur les réseaux
- ☐ Les deux potes pour qui le film c'est : sandwich au jambon et binouze
- ☐ La fille aux lunettes de soleil qui risque de prendre un coup de lune
- ☐ Le couple qui a dû venir avec une semi-remorque en déménageant carrément sa chambre pour voir son film comme à la maison...

Et aussi : le gars qui dort après 5 min de film, la chaise de camping pour ne pas louer de transat, les cosplayers du dimanche, le gars qui finit sa dissert' à rendre le lendemain...

LES PREMIÈRES VACANCES AU SKI ENTRE POTES, C'EST TOUJOURS UNE DINGUERIE ! On ne sait jamais qui est où, qui va où, qui fait quoi... mais on se marre et c'est l'essentiel. Il n'y qu'à voir le front de neige...

- ❑ Il y a le grand sportif qui dévale la piste avec des skis, mais pas aux pieds
- ❑ La bande de potes pour qui c'est déjà l'après-ski et qui se réchauffent à grands coups de vins chauds et de musique techno
- ❑ Le relou qui reste agrippé au tire-fesses alors que tout le monde lui dit de lâcher la perche
- ❑ Le petit malin créatif qui laisse des messages dans la neige
- ❑ Le gars qui ne sait pas résister aux défis et joue à « Cap' de sortir des œufs avant l'arrivée ? »
- ❑ Le duo d'influenceurs plus *brandés* que des produits en vitrine de magasin...

Et aussi : le verre de vin chaud, le surfeur qui s'est trompé de saison, le bonnet dreads de toutes les couleurs, Jurassic Ski...

LA SALLE DE SPORT, C'EST COMME TOUT, IL Y A LA THÉORIE ET LA PRATIQUE. En théorie, on est motivé pour y aller... et puis en pratique, ça dépend (surtout de la motivation des potes). En tous cas, aujourd'hui, tous les cours sont bien remplis...

- ❑ Il y a les deux potes qui ont enfin trouvé le cours idéal : bière-pilates
- ❑ Le type qui s'est fait traîner ici par sa copine et fait semblant de faire du gainage
- ❑ La *fit-girl* pro en plein *live* avec ses abonnés *#shapeyourbody*
- ❑ La fille qui court après les desserts pour se motiver
- ❑ Le mec qui se mate en train de « soulever de la fonte »...

Et puis aussi : la boisson hyper-protéinée à la mode, l'ordi pour le tuto Yoga, la peau de banane anti-hypoglycémie, le vernis à ongles pour une session yogi-nail art...

ATTENTION, ATTENTION ! LES PASSAGERS DU VOL B404 SONT ATTENDUS PORTE A… Partir ou regarder les autres partir, c'est la dure loi de l'aéroport ! Mais on peut toujours se divertir en regardant la foule des voyageurs…

- ❑ Il y a l'étudiant Erasmus qui aimerait bien enfin voler de ses propres ailes, mais qui a une famille un peu collante
- ❑ La fille qui tente de faire croire à ses *followers* qu'elle est déjà à la plage
- ❑ La *team* geek, qui prend sa dernière dose de recharge de batterie aux saintes prises avant de monter dans l'avion
- ❑ La fille dont la valise capricieuse a bien voulu se fermer à la maison mais qui refuse de réitérer l'exploit ici
- ❑ Le type qui n'a pas de quoi payer son billet et tente le tout pour le tout pour rejoindre ses potes en vacances…

Et puis aussi : le sosie de Maverick, le contrôleur blasé, le dressing de @Christineoff, le magazine people qu'on achète seulement pour les grands jours de voyage…

OMG
C13 DEPART
Status
Time
Destination
Gate Open
09:47
Lille

- ❑ Il y a les copines qui prennent des shots dans le carré VIP
- ❑ Le pote trop bourré, qui dort à poings fermés, à 3 cm des enceintes
- ❑ Le mec dont la devise est : « À quoi bon laisser ses potes danser si ce n'est pas instagrammé ? »
- ❑ Le mec qui sort en boîte pour la première fois et qui fait tapisserie
- ❑ La fille qui ne voulait pas payer 10 balles pour le vestiaire
- ❑ La fille *on fire*...

Et puis aussi : la troisième tournée de bières chaudes, le casque pour profiter de sa soirée en solo, le couple qui s'est cru dans Dirty Dancing*, le gars qui ne peut pas s'empêcher de se désaper après deux verres...*

QUELLE AMBIANCE AU TRIPLEX !

Pop, rock, hip hop, techno, house, électro, dance, disco, reaggae, zouk, underground, musique française... Le DJ est à bloc pour que tout le monde se mélange.

QUAND C'EST LE WEEK-END, QUAND IL FAIT CHAUD, ON FAIT QUOI ? ON VA TOUS À LA PISCINE ! Et tant pis s'il faut mettre des slips de bains et des bonnets ! D'ailleurs tout le monde n'en n'a pas...

- ❑ Il y a le couple très très nature, un peu trop même
- ❑ La fille qui assiste à son premier cours d'aquabiking, et qui n'a pas compris ce que veut dire « aqua »
- ❑ Le type qui s'entraîne pour son prochain stage UCPA de ski nautique
- ❑ La copine reloue qui ne peut pas s'empêcher de faire une bombe à chaque fois qu'elle vient à la piscine…

Et aussi : la meuf qui se prend pour une sirène après avoir vu une vidéo Tik Tok, la bouée licorne (forever and ever), *le fan de* Alerte à Malibu, *les claquettes antidérapantes…*

UN PEU DE SHOPPING, ÇA N'A JAMAIS FAIT DE MAL À PERSONNE. Pour le plaisir des yeux ou pour acheter, c'est toujours marrant de faire un tour avec ses potes dans les grands magasins... Même si ce n'est clairement pas l'endroit le plus calme de la terre !

- ☐ Il y a le mec qui saoule tout le monde avec *Game of Thrones* et qui pense vraiment que « l'hiver arrive »
- ☐ La fille qui finance ses vacances grâce aux touristes et fait visiter le magasin comme si c'était un monument
- ☐ Le type un peu geek, qui passe sa journée au stand tech pour essayer tout ce qui vient de sortir
- ☐ La fille qui se la joue shopping de l'extrême, en mode *Pretty Woman*
- ☐ Le pote qui n'a pas envie d'être là et attend les autres qui sont en plein shopping...

***Et aussi :** le drone dernière génération, la casquette à hélice* so *90's en tendance sur les réseaux, le petit ami qui suit et porte les sacs...*

LES JOIES DU CAMPING SONT SANS LIMITES !

Pour qui apprécie la nature, les sacs de couchage et la douche à l'eau froide bien sûr... ce qui n'a pas l'air d'être le cas de tout le monde. Il y a ceux qui s'amusent et ceux qui s'amusent un peu moins...

- ❑ Comme le type qui désespère de trouver du réseau et se rabat sur les méthodes ancestrales des Indiens d'Amérique
- ❑ La *fashion victim* que rien n'arrête, pas même le *dress code* ambiance « Patagonia-Crocs »
- ❑ Le couple de geeks venu à la campagne pour mieux se reconnecter
- ❑ La copine qui a été jeune fille au pair aux US pendant un an et qui est devenue une pro du *grilled marshmallow*
- ❑ La bande de potes qui se prépare à la *van-life* après avoir vu une vidéo YouTube...

Et puis aussi : le saint rouleau de PQ, le gars qui s'est pris pour Tarzan, le mec qui joue de la guitare (et qui chante du Oasis), le chef scout, le précieux flacon de lotion anti-moustiques...

AH, LA REPRISE DES COURS... On retrouve les potes, on fait connaissance avec les nouveaux, on se raconte son été ! Et on bosse aussi... enfin, un peu...
OUAIS DE OUF
PLUS DE FRITES
PEACE love

- ☐ Il y a le mec qui vient en cours en véritable touriste
- ☐ Le gars concentré et assidu qui est dans cet amphi pour sa troisième deuxième année
- ☐ Le mec plutôt *peace*, qui s'est retrouvé pris dans la manif' étudiante, sans trop savoir comment
- ☐ La fille qui arrive tout juste d'*after* et qui finit de se préparer en cours…

Mais aussi : le mec qui essaie de sécher, le dernier iMac, les fiches bristol de révision, le goûter pour la pause, l'affiche du BDE…

LES COLONIES DE VACANCES, il y a un âge où on arrête et puis il y a un âge où on reprend... quand on devient moniteur ! Mais s'il y a bien une chose qui ne change pas, c'est que ça reste toujours inoubliable !

- ☐ Il y a la mono qui a lâché l'affaire et qui se fait victimiser par les enfants
- ☐ Le mono dont l'activité du jour s'est transformée en prise d'otage
- ☐ Le mono qui a organisé une activité à faire pâlir les candidats de *Koh-Lanta* et *Fort Boyard* réunis
- ☐ Les monos qui profitent d'une pause pour continuer leur *date* de la veille
- ☐ Le mono qui répète son répertoire guitare en ronflement mineur pour la veillée du soir…

Et aussi : la boîte des objets confisqués, la petite qui a braqué la cantine pour un petit creux, les bières bien méritées…

NOËL NE SERAIT PAS NOËL SANS LES RETROUVAILLES EN FAMILLE ! Certains les attendent avec impatience. D'autres les redoutent et voudraient pouvoir y échapper. Mais pour tout le monde, les petits comme les grands, ce sont des souvenirs mémorables...

- ❏ Il y a l'ado qui n'a soit disant « pas de personnes de son âge avec qui parler » et s'en sert comme excuse pour rester scotché à son téléphone
- ❏ Le tonton relou qui raconte la même anecdote pour la millième fois
- ❏ Le grand cousin (21 ans déjà !) qui est obligé de manger à la table des enfants par manque de place
- ❏ Le mini-rebelle qui a embrigadé les moins de 10 ans pour entreprendre l'ascension du Mont « sapin de Noël »
- ❏ La presque adulte qui ose fumer devant ses parents pour la première fois de sa vie, comme s'ils n'étaient pas déjà au courant
- ❏ La fille qui présente son mec à la famille pour la première fois et qui voudrait bien qu'on lui laisse un peu d'air
- ❏ L'étudiant qui révise pour son partiel de janvier et espère ingurgiter en une soirée les 6 mois de cours qu'il a séchés
- ❏ La fille qui essaie de mettre Grand-Mère aux réseaux pour qu'elle partage toutes ses recettes...

Et aussi : le parrain déguisé en Père-Noël, les cadavres de bouteilles de l'apéro, les verrines cheloues que personne ne mangera...

ALLEZ, UNE PETITE DERNIÈRE UN PEU PLUS WTF POUR LA ROUTE ! Pour une fois, cherchez vous-même ce que vous voulez, nous on est crevées !

LAS VEGAS